Ulrike Gerold / Wolfram Hänel

So lebten die
Ritter

Mit Bildern von
Peter Klaucke

Arena

Ulrike Gerold und Wolfram Hänel

wurden beide 1956 geboren, haben beide Germanistik
studiert und später viele Jahre lang am Theater
gearbeitet. Heute leben sie mit ihrer Tochter und
ihrem Border-Collie meistens in Hannover
und manchmal in Kilnarovanagh, einem
kleinen Dorf in Irland, und schreiben Kinderbücher,
Theaterstücke und Reiseberichte.

Peter Klaucke

wurde 1943 geboren und hat in Köln
Kunst studiert. Er ist seit 1979 freiberuflich als Maler
und Illustrator für viele Verlage tätig.
Etwa 70 Bücher für Erwachsene, Jugendliche und
Kinder sind von ihm weltweit erschienen.
Am liebsten arbeitet er an Themen, die seiner
Phantasie Freiraum geben.
Er lebt mit Frau und Tochter in Frechen.

In neuer Rechtschreibung

1. Auflage 2001
© Arena Verlag GmbH, Würzburg 2001
Alle Rechte vorbehalten
Illustrationen: Peter Klaucke
Einbandgestaltung: Agentur Hummel & Lang
Gesamtherstellung: Sebald Sachsendruck, Plauen
ISBN 3-401-05122-9

Die mittelalterliche Gesellschaft

Die mittelalterliche Gesellschaft war wie eine Pyramide aufgebaut. Ganz oben stand der König oder Kaiser: Er gab den Bischöfen und Äbten, den Herzögen und Grafen Land und Besitztümer als Leihgabe, als »Lehen«. Dafür mussten sie dem König die Treue schwören und ihm Soldaten und Geld für den Krieg stellen.

Die Kirche

Für die Menschen im Mittelalter war der Glaube an Gott sehr wichtig. Die katholische Kirche besaß große Macht. Sie war mächtiger als viele Fürsten oder Könige. Die Bauern mussten nicht nur den Rittern, sondern auch den Bischöfen, Priestern und Mönchen einen Teil ihres Ertrages abgeben. Prachtvolle Kathedralen wurden in dieser Zeit gebaut und große Klöster gegründet.

6

Inhalt

Die Zeit der Ritter und Burgen   4

Die Burgen   8

Im Inneren einer Burg   12

Im Rittersaal   16

Die Ritter   20

Die Ausbildung zum Ritter   24

Die Ritterrüstung   28

Das Turnier   32

Eine Burg wird angegriffen   36

Ritter- und Heldensagen   40

Register   44

Die Burgen

Im Mittelalter gab es überall in Europa immer wieder Kriege und blutige Streitereien. Deshalb begann man sich schon bald vor Überfällen zu schützen. Vor dem Jahre 1000 n. Chr. wurden bereits die Herrenhöfe mit Erdwällen und Palisaden ausgebaut. Palisaden sind oben zugespitzte Holzpfähle. Kurze Zeit darauf entstanden Wohntürme für die Ritter und ihr Gefolge, 300 Jahre später die ersten mit dicken Steinmauern gesicherten Burgen.

Es gab große und kleine Burgen, mächtige Festungen, Raubritterburgen auf schroffen Felsspitzen und prunkvolle Königs- und Fürstensitze, die so genannten Pfalzen.

Die meisten Burgen wurden an Plätzen errichtet, die sich gut verteidigen ließen. Die Wasserburgen lagen auf einer Insel in einem See oder einem Fluss, andere Burgen auf einer Anhöhe oder einem Berg und oft an den großen Handelswegen. Aber so unterschiedlich diese Burgen auch aussahen, so waren sie doch alle von einer starken Ringmauer umgeben, an deren Ecken hohe Wehrtürme standen. Von hier aus konnte man den Feind schon von weitem sehen.

Ritter-Wörterbuch

Türmen

Früher: in den Turm (Bergfried) flüchten

Heute: abhauen, fliehen

Übrigens: Auch heute noch sagt man »türmen«, wenn ein Verbrecher aus dem Gefängnis entwischt. Klar, dass auch diese Bezeichnung mit der Ritterzeit zu tun hat – in vielen Burgen waren die Verliese für die Gefangenen nämlich in einem der Türme untergebracht.

Kleines Buch der Rekorde

Die größte erhaltene Burg steht in der Stadt Burghausen nahe der österreichischen Grenze und wurde um 1250 gebaut. Die Burganlage ist über einen Kilometer lang und beherbergt sechs Burghöfe!

Die größte Burgruine Deutschlands ist dagegen eher klein: die Burg Lichtenberg bei Kusel in Rheinland-Pfalz – 420 Meter lang und 90 Meter breit. Erbaut wurde sie um 1210.

Diese Lehensleute verteilten ihr Land auf
Landadlige, auf Burgherren und Ritter.
Ganz unten kamen die Bauern und
Leibeigenen. Sie bearbeiteten das Land,
das ihnen nicht gehörte.

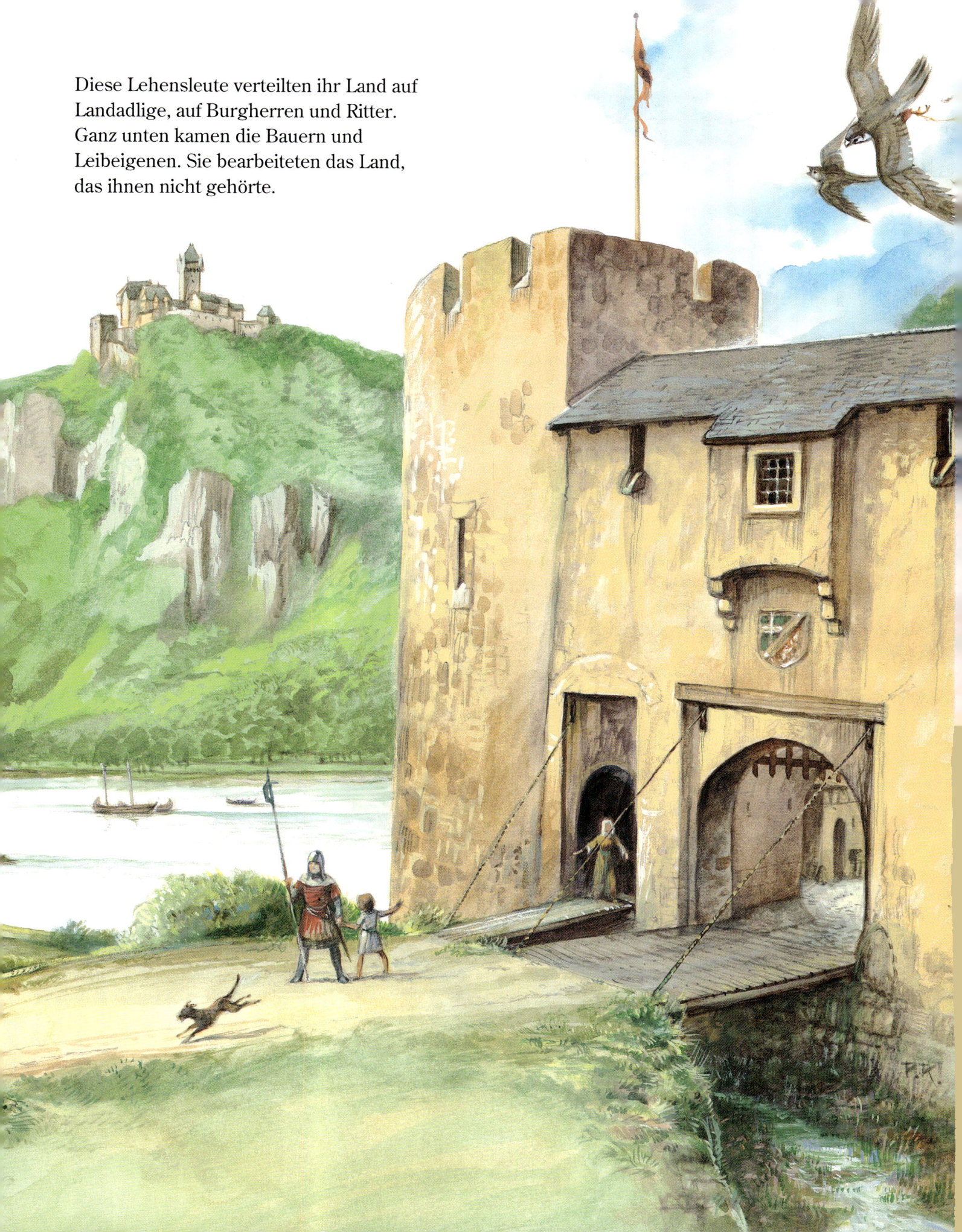

Die Motte

Motten sind die Vorläufer der Burgen. Sie bestanden aus einer Art Vorburg mit Ställen, Werkstätten und einem Brunnen sowie einem Wehrturm auf einem Hügel und einem Wassergraben. Die Wälle waren aus Erde und Holz und zusätzlich mit Palisaden verstärkt.

Der Wohnturm

In den steinernen Türmen war Platz für den Burgherrn und sein Gefolge. Um sie verteidigen zu können, hatten die Wohntürme unten keine Fensteröffnungen. Hier lagerten auch die Vorräte. Der erste Stock war für die Soldaten, darüber befanden sich die Ess- und Schlafräume. Ganz oben wohnten der Burgherr und seine Familie.

Die Wehrburg

Aus den Motten und Wohntürmen wurden im Lauf der Zeit die großen Burgen. Innerhalb der Mauern einer Wehrburg fanden auch die Anwohner Schutz vor Überfällen. Eine solche Steinburg zu bauen aber kostete ein Vermögen und dauerte oftmals Jahre.

Eine große Wehrburg war angelegt wie eine kleine Stadt: mit Wohnhäusern, Werkstätten und gepflasterten Wegen. Eine Wehrburg schützte aber nicht nur den Ritter, seine Familie und alle anderen Bewohner der Burg, sie bot auch durchreisenden Adligen Unterkunft.

Garten

Nur über die **Zugbrücke** und durch das mit einem schweren Eisengitter versehene Tor gelangte man in die Burg.

Zugbrücke

Im Inneren
einer Burg

Im Inneren der Burg lagen die Wohn-
und Wirtschaftsgebäude, die Vorrats-
lager, die Ställe und die Werkstätten –
und natürlich auch der Brunnen, aus
dem das Trinkwasser geholt wurde.

Sogar einen Garten gab es und
schließlich die Wohnräume für die
Mägde, Knechte und Dienstleute.

Der Burgherr und seine Familie
wohnten im Palas – das war das
prächtigste Gebäude in der Burg.
Hier waren die Privaträume und auch
der Rittersaal. Oft gehörte zum Palas
eine Kapelle und nicht weit entfernt
vom Rittersaal lag die Küche.

Alle Gebäude waren um den Burghof
herum angeordnet. Hierhin kamen
auch die Bauern, um den vorgeschrie-
benen Anteil an Getreide, Obst und
Gemüse, Eiern und Vieh abzuliefern.

Hier traf man außerdem reisende
Kaufleute, die kostbaren Zucker und
seltene Gewürze aus fernen Ländern,
wertvollen Schmuck und teure Stoffe
zum Verkauf anboten.

Manchmal hielten sich dort Gaukler
auf, die die Burgleute und Gäste mit
ihren Späßen unterhielten.

Berufe auf der Burg

Auf der Burg gab es die verschiedensten Berufe und jeder hatte alle Hände voll zu tun.

Der **Schmied** beschlug die Hufe der Pferde, führte Reparaturen aus oder schmiedete neue Waffen.

Der **Schreiner** kümmerte sich um alles, was mit Holz zu tun hatte. Er reparierte zum Beispiel Türen und Tore oder baute neue Tische und Bänke für den Rittersaal.

Der **Waffenmeister** hielt die Waffen in Stand und übte mit den Knappen mit Speer und Bogen umzugehen und mit dem Schwert zu kämpfen.

Der **Verwalter** überwachte die Ländereien und die Abgaben der Bauern. Er kontrollierte die Vorräte und entschied, was von den Händlern gekauft werden musste.

Oben hatten die Türme **Zinnen.**

Bergfried

Als **Toilette** diente eine Art Erker an der Außenmauer, meist hoch oben über dem Burggraben. Der Sitz war gemauert und unten war ein Loch – mehr nicht. Nachts konnte es auf dem stillen Örtchen ganz schön kalt werden. Für die Bequemlichkeit erfand man den Nachttopf.

An einer geschützten Stelle der Burg erhob sich der **Bergfried.** Das war ein hoher, mächtiger Turm, der zusätzlich oft durch eine weitere Ringmauer geschützt wurde. Sein Eingang befand sich im ersten Stock und die Wände des Turms waren sehr dick. Im Falle einer Eroberung war der Bergfried die letzte Zuflucht für die Burgbewohner.

Im Keller war daher auch ein Brunnen, damit es bei einer Belagerung genug Trinkwasser gab.

Wehrgang

Brunnen

Zwischen den Türmen, entlang der Ringmauer, lief der **Wehrgang.** Von hier aus konnte man Angreifer gut in Schach halten.

Die starke und hohe **Ringmauer** umgab die gesamte Burganlage, die an den Ecken zusätzlich mit Türmen befestigt war.

Außerhalb der Ringmauer verlief ein tiefer **Burggraben,** der oft mit Wasser gefüllt war. Er sollte es den Angreifern schwerer machen, an die Burg heranzukommen.

11

Der **Mundschenk** war für den Weinkeller zuständig und für das Brauen von Bier.

Der **Gärtner** lieferte der **Köchin** frisches Gemüse und Kräuter aus dem Burggarten.

Der **Jagdaufseher** richtete die Falken für die Jagd ab.

Die **Pferdeknechte** versorgten die Pferde im Stall.

Die **Mägde** holten aus dem Burgbrunnen frisches Wasser, wuschen die Wäsche, halfen in der Küche und putzten und schrubbten.

Der **Priester** nahm dem Burgherrn nicht nur die Beichte ab, sondern unterrichtete seine Söhne und Töchter mit Hilfe der Bibel im Lesen und Schreiben.

Im Rittersaal

Der Rittersaal war der größte Raum in der Burg. Er war so etwas wie das Wohnzimmer, gleichzeitig Treffpunkt, Aufenthaltsraum und Versammlungsort. Hier wurde Gericht gehalten, hier wurden die Gäste empfangen, hier wurde geschlafen und gefeiert.

Die Feste waren eine willkommene Abwechslung. Der Burgherr lud zum Turnier ein oder zur Jagd. Man feierte Hochzeiten und Taufen und natürlich alle anderen kirchlichen Feste, oft sogar viele Tage lang. Viele Gäste kamen von nah und fern. Im Rittersaal wurden Tische und Bänke aufgestellt, es wurde gegessen und getrunken. Für die Unterhaltung sorgten fahrende Musikanten. Oft waren auch berühmte Sänger darunter. Diese Sänger brachten stets die neuesten Nachrichten mit.

In den Burgen war es dunkel und kalt, vor allem im Winter. Die Fackeln und Kerzen aber, die den Rittersaal erleuchten sollten, gaben mehr Qualm und Ruß als Licht.

Schlafen mussten die Gäste auf Stroh, gleich neben der langen Tafel im Rittersaal. Betten gab es nur für den Burgherrn und seine Frau.

Tischmanieren

Gegessen wurde mit den Fingern und das Brot wurde einfach in die Schüsseln getunkt. Gabeln, Messer und Löffel waren nicht nur sehr teuer, die meisten Gäste hätten auch gar nicht gewusst, was sie damit anfangen sollten. Aber dafür waren die Speisen oft kunstvoll aufgebaut und mit viel Phantasie verziert.

Ritter-Wörterbuch

Die Tafel aufheben

Früher: die Bretter und Bänke der langen Festtafel wegräumen, um tanzen zu können. Heute: das Essen beenden

Kleines Buch des Wissens

Kartoffeln gab es im Mittelalter noch nicht. Die Kartoffel kommt nämlich aus Südamerika – und Amerika war ja noch gar nicht entdeckt. Auch Kaffee und Tee gab es noch nicht. Getrunken wurde vor allem Wasser, manchmal aber auch Bier, und das schon zum Frühstück!

Die Kemenate

In einer Burg konnte man nur wenige Räume heizen. Es war also ganz schön kalt. Geheizt wurden außer dem Rittersaal nur die Zimmer der Frauen, die Kemenaten. Der Name stammt von den Kaminen in diesen Räumen.

Die Burgherrin

Die Burgherrin war für die Küche und den Wohnbereich zuständig. Gemeinsam mit dem Verwalter überwachte sie die Vorräte, verwaltete die Ländereien, die Abgaben und das Geld. Sie kümmerte sich um die Gäste und organisierte Feste. Außerdem hatte sie für die Erziehung der Töchter zu sorgen.

In ihrer wenigen Freizeit stickte, webte und spann die Burgherrin Stoffe, Tücher und Teppiche. Oft war sie neben dem Priester die Einzige auf der Burg, die lesen, schreiben und rechnen konnte.

Der Burggarten

Im Burggarten wurden neben Obst und Gemüse vor allem Kräuter angebaut. Diese Kräuter benutzte man nicht nur zum Würzen der Speisen, sondern auch als Heilkräuter für Krankheiten und Wunden.

15

Musikanten und Gaukler

Musikanten, Gaukler und Spielleute sorgten
für Unterhaltung. Sie sangen, musizierten
mit Lauten, Flöten, Trommeln und Tambu-
rinen, jonglierten mit Bällen, machten
Kunststücke und erzählten Geschichten.

Fiedel und Leier

Auch mit der Fiedel und der Leier spielte
man gern zum Tanz auf. Die Fiedel war
größer als eine Geige und hatte vier
Brummsaiten. Die Leier wurde durch
Drehen an einer Kurbel gespielt. Manchmal
war sie so groß, dass sie von zwei Spielern
bedient werden musste.

Die Ritter

Ritter waren meist Adlige oder reiche Herren, die einem Fürsten oder König dienten, ihm die Treue schworen und mit ihren Soldaten für ihn in den Krieg zogen.

Dafür erhielten sie viele Vorrechte, unter anderem auch Land, eine Burg, große Gutshöfe und ganze Dörfer als »Lehen«, als Leihgabe, und sie durften im Namen ihres Königs Recht sprechen. Die Bauern mussten als Leibeigene oder kleine Pächter für den Ritter und seine Leute sorgen.

»Ritter« hießen die Ritter übrigens, weil sie nicht zu Fuß in den Kampf zogen, sondern als »Berittene« auf einem Pferd. Das hatten sie von den Arabern, die mit ihren Reiterheeren auch in Europa eingefallen waren.

Die Streitrosse der Ritter mussten kraftvoll sein, um den Ritter samt seiner Rüstung über weite Strecken tragen zu können, aber auch gewandt und unerschrocken im Kampf.

Eine Aufgabe der Ritter war das Kämpfen. Vielleicht lag es genau daran, dass sie sich oft nicht so ritterlich benahmen, wie sie es hätten tun sollen, obwohl viele von ihnen gebildeter waren als das übrige Volk.

Kleines Buch des Wissens

Kaiser Maximilian I. wurde »Der letzte Ritter« genannt. Er regierte von 1493 bis 1519.

Kleines Fragespiel

Welche ehemalige Gemeinschaft christlicher Ritter, die schon um 1100 Kranke und Verwundete pflegte, gibt es noch heute?

Die Johanniter, die immer noch vor allem in der Krankenpflege tätig sind – ähnlich wie das Deutsche Rote Kreuz.

Ritter-Wörterbuch

Im Stich lassen

Früher: jemand im Kampf allein lassen

Heute: jemand allein lassen

Die Minnesänger

Die Minnesänger waren gern gesehene Gäste auf den Burgen. Sie sangen von tapferen und mutigen Rittern, von ritterlichen Tugenden, von Ehre und Gerechtigkeit.

Oft sangen sie auch über die Liebe, und weil die Liebe im Mittelalter »Minne« hieß, hießen die Sänger dann Minnesänger. Ihr Instrument war die Laute oder die Harfe.

Festessen

Bei den Festen flossen Wein und Bier in Strömen und die langen Tafeln im Rittersaal bogen sich unter den Platten mit Braten, Würsten, Gemüse und Brot. Es gab Reh- und Wildschweinbraten, Hühner, Gänse, Enten und Fasane, manchmal sogar gebratenen Schwan.

Vor und nach dem Essen reichten die Pagen Schüsseln mit Rosenwasser herum, in denen man sich die Hände waschen konnte.

Die Raubritter

Die Raubritter waren verarmte Ritter, die
beim König in Ungnade gefallen waren
oder aus anderen Gründen ihr Land
verloren hatten. Sie lauerten Reisenden und
Kaufleuten auf und waren eine ständige
Bedrohung auf den Handelsstraßen.
Deshalb versuchten die Kaufleute sich
und ihre Waren mit bewaffneten Reitern
vor solchen Überfällen zu schützen.

Die Ausbildung zum Ritter

Niemand war von Geburt an Ritter. Es war zwar wichtig, dass man ritterlicher Abstammung war, Ritter aber wurde man erst nach einer langen Ausbildung.

Dazu gehörte ein gutes Benehmen und natürlich musste man die ritterlichen Tugenden kennen. Ritter sollten an Gott glauben, regelmäßig zur Kirche gehen und hilfsbereit gegenüber Schwächeren sein. Vor allem aber mussten sie die Kunst des Kämpfens lernen und mit Schwert und Lanze genauso gut umgehen können wie mit Pfeil und Bogen oder den bloßen Fäusten.

Vertraute eines Königs allerdings konnten auch ohne Ausbildung oder ritterliche Herkunft zum Ritter ernannt werden, nämlich zum Beispiel dann, wenn sie sich im Krieg durch heldenhaftes Benehmen hervorgetan hatten.

Um Ritter zu sein, brauchte man viel Geld, denn Rüstungen, Pferde und Waffen und besonders der Unterhalt einer Burg kosteten auch im Mittelalter ein Vermögen.

Vom Pagen zum Knappen

Im Alter von sieben Jahren wurden die Söhne der Ritter zu Pagen. Unter der Anleitung des Vaters übten sie sich im Reiten, im Faustkampf und im Bogenschießen. Die Mutter dagegen brachte ihnen bei, wie man sich am Hofe verhielt, wie man sich bei Tisch benahm oder im Beisein von Damen, auch wie man tanzte oder sich mit Brettspielen die Zeit vertrieb.

Manche – längst nicht alle – lernten auch lesen, schreiben und rechnen. Dies geschah unter der Obhut eines Geistlichen, eines Priesters oder Mönchs.

Ritter-Wörterbuch

Sich die Sporen verdienen

Früher: die Ausbildung zum Ritter durchlaufen

Heute: sich etwas erarbeiten, etwas erreichen

Die Kreuzritter

Die Kreuzritter setzten es sich zum Ziel, für eine gute Sache einzutreten.

Als Mitglieder eines Ritterordens nahmen sie an den Kreuzzügen teil. Sie folgten einem Aufruf des Papstes, nach dem Jerusalem und das Heilige Grab von Jesus Christus aus den Händen der arabischen »Heiden« befreit werden sollte.
Bei der Eroberung Jerusalems aber richteten sie ein ganz unritterliches Blutbad an.

Ritterlichkeit

Ritter sollten sich ritterlich benehmen. Sie sollten vornehm, aufrichtig, gerecht und hilfsbereit sein und ein gottgefälliges Leben führen – und natürlich sollten sie ihrem König gegenüber treu ergeben sein.

Tapfer im Kampf, aber milde und großherzig gegenüber Besiegten und Schwachen und voller Hochachtung und Respekt gegenüber Frauen, das waren die ritterlichen Tugenden.

Vom Knappen zum Ritter

Mit zwölf Jahren kamen die Jungen als Knappen zu einem befreundeten Ritter, ihrem Paten. Jetzt lernten sie den Umgang mit Waffen, vor allem mit dem Schwert und der Lanze. Ein Knappe war aber auch der Diener seines Paten. Er half dem Ritter beim Ankleiden, versorgte seine Pferde, putzte Rüstung und Waffen, bediente ihn beim Essen, begleitete ihn zu Turnieren und auf die Jagd – und als Helfer auch in den Kampf. Und erst wenn er sich in allen Bereichen bewährt hatte und der Pate zufrieden mit ihm war, erhielt ein Knappe den Ritterschlag.

Dem Herrn beim Ankleiden helfen

Reiten

Lesen und schreiben

Mit dem Bogen schießen

Tanzen

Schach spielen

Die Ritter-rüstung

Die Ritterrüstung sollte den Ritter im Kampf vor Verletzungen schützen.

Anfangs bestand eine solche Rüstung nur aus einem langen Kettenhemd mit einer Art Kapuze und einem Helm mit Nasenschutz. Zusätzlich hielten die Ritter einen Rund- oder Lang-schild vor sich.

Als die Waffen immer gefährlicher wurden, mussten auch die Ritter-rüstungen verbessert werden.

Gefürchtet waren vor allem die Pfeile der Bogenschützen, die ein Ketten-hemd mit Leichtigkeit durchdringen konnten. Also wurde ein Brustpanzer über das Hemd gezogen, später kamen immer mehr Eisenteile hinzu, bis schließlich der ganze Körper mit Eisenplatten bedeckt war.

Selbst auf dem Kopf saß ein Helm, der bis auf einen schmalen Sehschlitz – das Visier – geschlossen werden konn-te. Natürlich steckten auch die Füße und Hände in eisernen Schuhen und Handschuhen.

In voller Rüstung war der Ritter zwar von Kopf bis Fuß geschützt, aber dafür kam er nicht mehr alleine auf sein Pferd – so eine Rüstung wog schließlich bis zu 30 Kilogramm.

In voller Rüstung

Wegen der schweren Rüstung musste ein
Knappe dem Ritter beim Aufsitzen helfen.
Manchmal wurde der Ritter mit einer Art
Kran auf das Pferd gehoben. Aber wehe, er
fiel dann beim Kampf aus dem Sattel und
lag wie ein Käfer hilflos zappelnd auf dem
Rücken! Da halfen ihm auch sein Schwert,
die Streitaxt und die Lanze nicht mehr
weiter…

Ritter-Wörterbuch

Etwas im Schilde führen

Früher: mit dem Familienwappen auf dem
Schild in die Schlacht reiten
Heute: etwas (Böses) vorhaben

Im Visier haben

Früher: den Gegner durch die Augenschlit-
ze des Helms ansehen
Heute: etwas genau beobachten

Kleines Buch der Rekorde

Die größte Anzahl von Waffen aus der mittelalterlichen Welt sowie Rüstungen für
rund 30 000 Mann beherbergt das Zeughaus
der Stadt Graz in Österreich.

Seinen Herrn in die Schlacht begleiten

Beim Essen bedienen

Mit dem Schwert üben

Waffen putzen

Die Jagd erlernen

Der Ritterschlag

Der Ritterschlag

Die ganze Nacht vor der feierlichen Zeremonie musste der Knappe alleine in der Burgkapelle beten. In der Morgenmesse dann wurde sein Schwert geweiht. Schließlich erhielt er einen leichten Schwertschlag auf die Schulter, den Ritterschlag.

Jetzt war der Knappe ein Ritter und zu seinen Ehren wurde ein Turnier veranstaltet. Hier konnte er seinen Mut und seine Geschicklichkeit beweisen – und der Vater konnte vor Freunden und Verwandten ein bisschen mit seinem Sohn angeben.

Die Waffen der Ritter

Bevor ein Ritter sein Schwert zog, versuchte er den Gegner mit der gesenkten **Lanze** zu treffen. Diese Lanzen waren drei bis vier Meter lang und besaßen eine scharfe, spitze Klinge.

Lanze

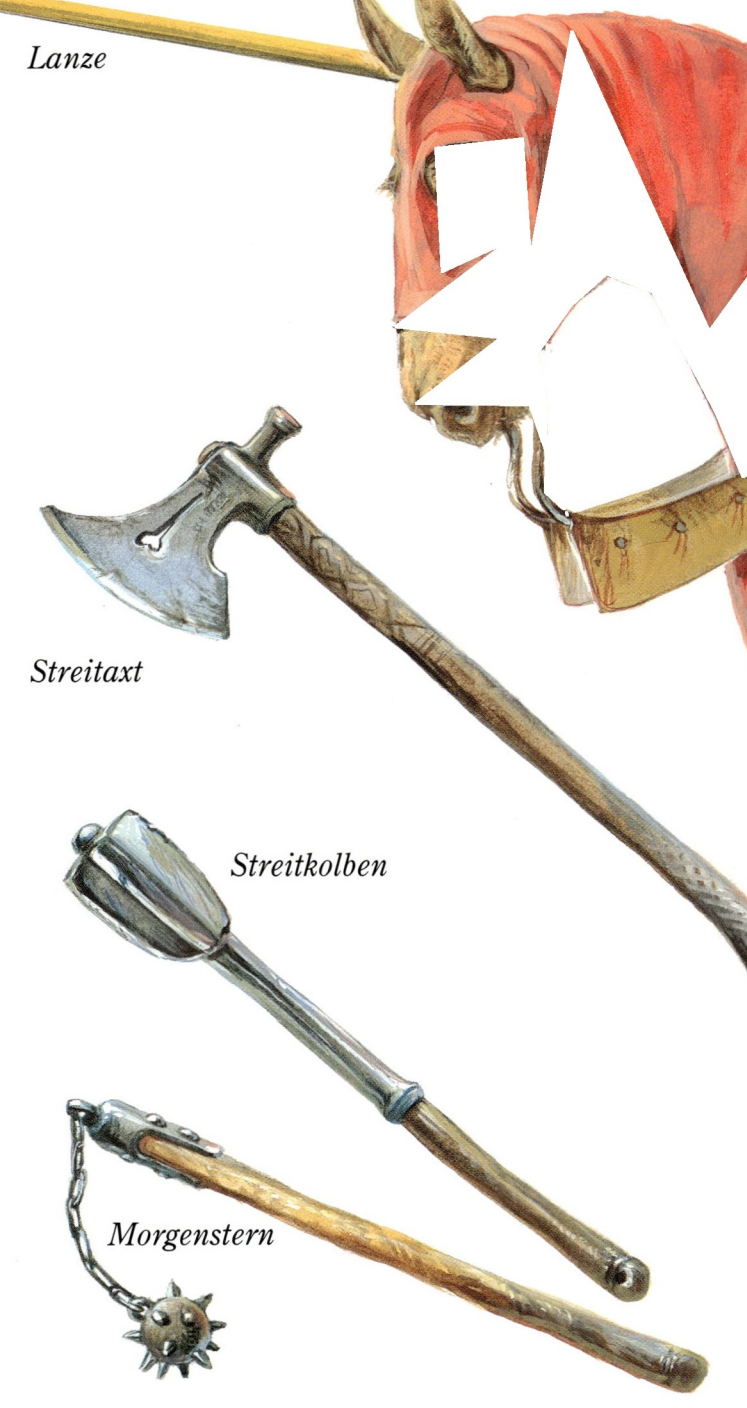

Streitaxt

Streitkolben

Morgenstern

Wappen

Mit dem Helm auf dem Kopf war so ein Ritter ja nun nicht mehr zu erkennen. Im Kampf wusste deshalb auch keiner, wer nun eigentlich Freund oder Feind war. Deshalb wurden die Wappen erfunden, die anzeigen sollten, wen man gerade vor sich hatte.

Kräftige Farben, Streifen, Kreuze und Bilder wie Löwen, Adler, Lilien oder Rosen waren auf diesen Wappen zu sehen und jede Familie hatte ihre eigenen Farben und Zeichen.

Über den Helm zog der Ritter manchmal eine Lederkappe mit seinem Wappen. Gut sichtbar war das Wappen auch auf den Waffenrock und auf die Pferdedecke genäht oder aufgemalt.

Das Turnier

Die Turniere waren die sportlichen Wettkämpfe der Ritter. Denn diese sollten auch in Friedenszeiten das Kämpfen nicht verlernen. Da im Mittelalter gerne gefeiert wurde, war ein Turnier immer auch ein großes Fest, das häufig mehrere Tage dauerte.

Musikanten spielten zum Tanz auf und Händler und Kaufleute versuchten allerlei Nützliches, aber auch Unnützes unter die Leute zu bringen. Die Gelegenheit war günstig. Außer den teilnehmenden Rittern kamen viele vornehme Damen und Herren und auch Schaulustige aus dem Volk gehörten zu den Besuchern. Rund um die Burg standen dann prächtige Zelte und bunte Verkaufsbuden.

Turniere wurden nach festen Regeln abgehalten. Immer aber wollten die prächtig herausgeputzten Ritter beweisen, wie gut sie mit Pferd und Waffen umgehen konnten.

Der Gewinner eines Turniers war ein berühmter Mann, der für sein Können bewundert wurde. Dieser Ruhm reizte immer wieder viele Ritter, gleichzeitig lockte aber auch das hohe Preisgeld oder die Liebe einer Dame, für die so mancher Ritter ins Turnier zog.

Der Herold

Beim Turnier war es die Aufgabe des Herolds, die Namen der Teilnehmer aufzurufen. In den großen Schlachten wurden Herolde als Botschafter zu Verhandlungszwecken ins feindliche Lager geschickt. Nach der Schlacht mussten sie dann mithilfe ihrer Wappenbücher herausfinden, wer die Toten waren.

Ritter-Wörterbuch

Für jemanden eine Lanze brechen

Früher: im Turnier an Stelle eines anderen kämpfen

Heute: sich für jemanden einsetzen, jemandem beistehen

Auf großem Fuß leben

Früher: sich teure Lederschuhe mit langen Spitzen leisten können

Heute: verschwenderisch leben

Die typische Waffe der Ritter ist das **Schwert**. Scharfe, zweischneidige Schwerter konnten sich aber nur die wohlhabenden Ritter leisten. Um ein Schwert zu führen, musste man nicht nur Geschick, sondern vor allem viel Kraft besitzen. Manche Schwerter konnten nur mit beiden Händen gehalten werden.

Schwert

Dolch

Die Ritterrüstung

Im Kampf oder im Turnier schützten sich die Ritter mit ihrer Rüstung. Diese bestand aus einem **Kettenhemd,** dem Brustpanzer oder **Harnisch, Eisenhosen** und beweglichen Platten für Arme und Beine, weiterhin dem **Helm** mit **Visier** und einem Schutz für Hände und Füße.

Manchmal wurden sogar die Pferde mit Eisenteilen geschützt. In jedem Fall aber waren sie ganz prächtig geschmückt, um die Wichtigkeit ihrer Besitzer zu zeigen.

31

Mode im Mittelalter

Beim Turnierfest konnten die Damen und Herren in der neuesten Mode glänzen. Man liebte kostbare Kleidung aus Samt, Seide und Brokat, verziert mit goldenen Stickereien und Edelsteinen, und kräftige Farben.

Der **Tjost** war ein beliebter Zweikampf. Im vollen Galopp versuchten die Ritter sich mit der Lanze aus dem Sattel zu heben.

Auf dem Boden ging der Kampf dann mit dem Schwert weiter, bis einer aufgab.

Eine Burg wird angegriffen

Wenn die Wächter auf den Türmen Alarm schlugen, brachten sich alle schnell hinter den Mauern in Sicherheit. Die Zugbrücke wurde hochgezogen und kochendes Wasser, heißes Pech und siedendes Öl bereitgestellt, um es den Feinden auf die Köpfe zu kippen. Mit Steinen und einem Hagel aus Pfeilen versuchten die Verteidiger die Feinde daran zu hindern, ihre Sturmleitern an die Mauern zu lehnen.

Es gab nicht viele Möglichkeiten, eine gut befestigte Burg zu erobern. Zuerst versuchte man es mit einem Sturmangriff. Dazu wurden die Gräben mit Holz und Erde aufgefüllt und Leitern und fahrbare Holztürme möglichst nahe an die Mauern gebracht. Mit einem schweren Rammbock wollte man das Burgtor einschlagen.

Gelang das nicht, wurden brennende Pfeile über die Mauern geschossen, um den Wohnbereich der Burg in Brand zu setzen. Oder man zielte mit riesigen Steinschleudern auf die Mauern.

Ganz gleich, ob die Burg nun erobert wurde oder nicht – immer kamen viele Menschen dabei ums Leben.

Kleines Fragespiel

Welches schwarze Pulver konnten die Angreifer beim Sturm auf eine Burg gut gebrauchen?

Das Schwarzpulver (oder Schießpulver) für die Kanonen, mit denen gegen Ende des Mittelalters zentnerschwere Steine gegen die Burgmauern geschossen wurden.

Und welche schwarze Masse konnten die Verteidiger einer Burg gut gebrauchen?

Das Pech, das man aus den Pechnasen den Feinden kochend heiß auf die Köpfe kippte.

Ritter-Wörterbuch

Pech haben

Früher: beim Sturm auf eine Burg mit hei-ßem Pech begossen werden
Heute: kein Glück haben

Hieb- und stichfest

Früher: gut geschützt (gepanzert) gegen Angriffe sein
Heute: nicht zu widerlegen

Manchmal half den Burgbewohnern ein **Geheimgang**, durch den ein Bote zur benachbarten Burg um Hilfe eilen konnte.

Große Kampfspiele

Das Kampfgetümmel auf den Wiesen rund um die Burg war ein großartiges Spektakel für die Zuschauer, für die teilnehmenden Ritter aber mitunter recht gefährlich. Wer nur mit Beulen und Schrammen davonkam, hatte Glück gehabt.

Turnierarten

Beim **Buhurt** traten zwei Mannschaften gegeneinander an. Mit Lanze und Schwert wurde so lange gekämpft, bis eine Partei besiegt war.

Beim **Kolbenturnier** durften sich zwei Ritter mit dem Schwert oder mit hölzernen Kolben schlagen. Wer die Helmzier des Gegners – den Federbusch auf seinem Helm – abschlug, war Sieger.

Belagerungskörbe aus Weidengeflecht boten den Angreifern Schutz.

Riesige **Rolltürme** dienten dazu, die hohen Burgmauern zu überwinden.

Rollturm

Katapult

Ein **Katapult** war eine Wurfmaschine für große Steinbrocken, die über die Mauern der Burg geschleudert wurden.

Rammbock

Der **Rammbock** war ein starker Baumstamm in einem Holzgerüst auf Rollen, den man gegen das Burgtor oder die Mauern »rammen« konnte.

Ritter- und Heldensagen

Es gab viele Lieder, Gedichte und Legenden, die von den mittelalterlichen Helden, den Rittern, berichteten. Diese Geschichten wurden von reisenden Sängern und Erzählern vorgetragen und verbreiteten sich schnell über das ganze Land. Sie erzählten von Treue und Tapferkeit, vom Kampf gegen Hinterlist, Falschheit und Verrat. Und natürlich sollten sie anderen Rittern als Vorbild dienen.

Auch in den Heldensagen um König Artus und die Ritter der Tafelrunde geht es vor allem um wahrhafte Ritterlichkeit: König Artus hatte die besten Ritter seines Landes um einen runden Tisch versammelt. Alle waren gleichberechtigt und alle traten im Kampf für Gerechtigkeit ein, für die Liebe und die Ehre der Ritter.

In all diesen Geschichten und Legenden aber erfährt man nur wenig darüber, wie es in jener Zeit dem »gemeinen Volk«, den Bauern und den Leibeigenen ergangen ist. Und auch über das Ende der Ritterzeit wird kaum etwas erzählt…

Es gibt keine Ritter mehr

Gegen Ende des Mittelalters wurden die Handelsstädte immer größer und wichtiger, die Bürger immer wohlhabender. Auf dem Land dagegen gab es Missernten und in der Folge dann Hungersnöte. Die Bauern konnten ihre Abgaben nicht mehr leisten. Viele Ritter verarmten, ihre Burgen verfielen.

Auch der »Beruf« Ritter wurde zunehmend bedeutungsloser: Inzwischen war das Schießpulver erfunden worden und gegen die Feuerwaffen war der Ritter mit seinem Schwert machtlos.

Die Kriege und Schlachten wurden jetzt mit Söldnerheeren geführt. Die Zeit der Landsknechte, der ersten Berufssoldaten, war gekommen. Die Ritter wurden nicht mehr gebraucht. Und so blieben aus ihrer Zeit nur die Legenden und die Erinnerungen an das ritterliche Leben, an prachtvolle Turniere und schimmernde Rüstungen.

Kleines Fragespiel

Wer führte den Beinamen »Ritter von der traurigen Gestalt«?

Don Quichotte, der in dem Roman des spanischen Schriftstellers Cervantes gegen Windmühlen kämpft.

41

Die Belagerung

Große Burgen konnte man kaum im Sturmangriff nehmen. Diese Burgen wurden so lange belagert, bis die Bewohner aufgeben mussten, weil sie keine Vorräte mehr hatten: Sie wurden »ausgehungert«.

Häufig aber wurde eine Burg während der Belagerung verraten, das heißt, ein Burgbewohner, der mit Geld bestochen worden war, verschaffte den Feinden heimlich Einlass.

Nachdem **König Artus** auf wundersame Weise König von England wird, richtet er einen runden Tisch ein, an dem er die besten Ritter des Landes versammelt. An einem runden Tisch gibt es keinen »Vorsitzenden«, also auch keinen, dessen Meinung mehr zählt als die der anderen. Auch das Wort des Königs hat nicht mehr Gewicht.

In der Legende vom **heiligen Roland** kämpft dieser gegen eine Überzahl von Feinden, wird verwundet und stirbt, rettet aber durch seinen Mut seinen König.

Parzival ist ein Ritter aus Artus' Tafelrunde. Ruhelos irrt er in der Welt umher und besteht viele Abenteuer, bis er den Heiligen Gral findet, den Kelch, aus dem Jesus beim heiligen Abendmahl mit seinen Jüngern getrunken haben soll.

Die Geschichte von **Tristan und Isolde** erzählt von der tragischen Liebe des Ritters Tristan zu Isolde, der Frau des Königs Marke.

Auch **Lancelot**, der Ritter vom See, gehört in Artus' Tafelrunde. Seine Liebe zu Ginevra, der Gemahlin von König Artus, zwingt ihn zu langen Irrfahrten, auf denen er viele Abenteuer zu bestehen hat.

In der Geschichte vom **heiligen Georg** befreit der Ritter eine Prinzessin und tötet einen Drachen.

43

Register

A

Angriff auf eine Burg 36, 37, 38, 39
Ausbildung zum Ritter 24, 25, 26, 27

B

Bauer 6, 7, 12, 20, 41
Belagerung 39
Bergfried 11
Berufe auf der Burg 13, 14
Brunnen 11, 12, 14
Brustpanzer 28
Buhurt 35
Burgen 8
Burggarten 15
Burggraben 11
Burgherr 7, 10, 12, 14, 16
Burgherrin 15
Burghof 12

G

Gärtner 14
Gaukler 12, 18

H

Helm 28, 30, 31
Herold 33

J

Jagdaufseher 14

K

Katapult 38
Kaufleute 5, 22
Kemenate 15
Kettenhemd 28, 31
Kirche 6
Knappe 25, 26
Knecht 14
Köchin 14
Kolbenturnier 35
Kreuzritter 23

L

Lanze 24, 26, 31, 35
Lehen 6, 20

M

Magd 14
Minnesänger 19

Mittelalter 4, 8, 41
Mittelalterliche Gesellschaft 6
Mode 34
Morgenstern 30
Motte 10
Mundschenk 14
Musikanten 16, 18

P

Page 19, 25
Palas 12
Priester 14, 25

R

Rammbock 36, 38
Raubritter 22
Ringmauer 11
Ritter 20, 21, 23, 41
Ritterlichkeit 23
Ritterrüstung 28, 29, 31
Rittersaal 12, 16
Rittersagen 40, 41, 42, 43
Ritterschlag 26, 27
Rollturm 38

S

Schild 28, 29
Schmied 13
Schreiner 13
Schwert 24, 26, 27, 31, 35
Stadt und Bürger 5, 41
Streitaxt 30
Streitkolben 30

T

Tischmanieren 17
Tjost 34
Turnier 32, 34, 35

V

Verwalter 13
Visier 28, 31

W

Waffen 30, 31
Waffenmeister 13
Wappen 30
Wehrburg 10, 11, 12
Wehrgang 11
Wohnturm 10

Z

Zinnen 11
Zugbrücke 10, 36